PLANETA ANIMAL
EL PELÍCANO

POR VALERIE BODDEN

CREATIVE EDUCATION · CREATIVE PAPERBACKS

Publicado por Creative Education
y Creative Paperbacks
P.O. Box 227, Mankato, Minnesota 56002
Creative Education y Creative Paperbacks son marcas
editoriales de The Creative Company
www.thecreativecompany.us

Diseño de The Design Lab
Producción de Rachel Klimpel
Dirección de arte de Rita Marshall
Traducción de TRAVOD, www.travod.com

Fotografías de 123RF (mikelane45, richardcff), Alamy
(imageBROKER, National Geographic Creative, Rolf
Nussbaumer Photography, Tom Uhlman), Dreamstime
(Isselee, Kojihirano, Tatiana Morozova, Tonny Wu), Getty
(Jay Fleming, Diana Thoresen/500px), iStock (Alobeti,
GomezDavid, MihaiDancaescu, Ullimi), Shutterstock (ab-
beys, ampower, jo Crebbin)

Library of Congress Cataloging-in-Publication Data
Names: Bodden, Valerie, author.
Title: El pelicano / by Valerie Bodden.
Other titles: Pelicans. Spanish
Description: Mankato, Minnesota : Creative Education
and Creative Paperbacks, [2023] | Series: Amazing
animals | Includes bibliographical references and index. |
Audience: Ages 6–9 | Audience: Grades 2–3 | Summa-
ry: "Elementary-aged readers will discover how pelicans
preen to keep their feathers waterproof. Full color images
and clear explanations highlight the habitat, diet, and life-
style of these fascinating birds. "– Provided by publisher.
Identifiers: LCCN 2022007478 (print) | LCCN
2022007479 (ebook) | ISBN 9781640265905 (library
binding) | ISBN 9781682771457 (paperback) | ISBN
9781640007093 (ebook) Subjects: LCSH: Pelicans-
-Juvenile literature. Classification: LCC QL696.P47
B6318 2023 (print) | LCC QL696.P47 (ebook) | DDC
598.4/3–dc23/eng/20220314
LC record available at https://lccn.loc.gov/2022007478
LC ebook record available at https://lccn.loc.
gov/2022007479

Tabla de contenido

El pelícano pardo (izquierda) y el pelícano blanco americano (derecha) son aves del continente americano.

Los pelícanos son aves acuáticas. Viven en todos los **continentes**, excepto en la Antártida. Hay ocho tipos de pelícanos. Son unas de las aves más grandes del mundo.

continente una de las siete grandes extensiones de tierra del planeta

*En primavera, la bolsa
del pelícano ceñudo se
vuelve rojo anaranjado.*

El pelícano tiene un **pico** largo. De él cuelga una bolsa de piel. El pelícano usa la bolsa de su pico como una red para recoger peces. Las plumas de los pelícanos pueden ser blancas, grises o del color café.

pico otro nombre para referirse a la boca de un ave

El pelícano ceñudo (derecha) es una de las aves más pesadas de Europa.

El pelícano ceñudo es el pelícano más grande. Pesa 25 libras (11,3 kg). Sus alas miden 11 pies (3,4 m) de punta a punta. El pelícano pardo pesa menos de 12 libras (5,4 kg). Sus alas alcanzan los ocho pies (2,4 m). Los pelícanos usan sus alas para **planear** largas distancias.

planear volar sin batir las alas

El pelícano tiene membranas que conectan los cuatro dedos de sus patas.

Todos los pelícanos viven cerca del agua. Algunos viven en la **costa**. Otros viven cerca de lagos, ríos y **pantanos**. Sus pies palmeados le ayudan a nadar y a caminar sobre lodo o arena.

costa tierra junto al mar

pantanos áreas bajas de tierra cubiertas de agua

La comida favorita del pelícano es el pescado. Algunos pelícanos comen peces grandes como la carpa. Otros comen peces pequeños como las anchoas. Algunos también comen ranas y serpientes.

Los pelícanos echan la cabeza hacia atrás para tragarse la comida entera.

Cuando se eclosionan, los polluelos no tienen plumas.

La madre pone de uno a seis huevos en su nido, a nivel del suelo. Los polluelos **eclosionan** casi un mes después. La madre y el padre alimentan a los polluelos con pescado **regurgitado**. A los dos meses de edad, los polluelos ya pueden volar.

eclosionar cuando el huevo se rompe para que nazca el polluelo

regurgitar toser fuera la comida que se ha tragado

Los pelícanos viven en grandes grupos llamados bandadas. Vuelan juntas. Cuando el pelícano pardo descubre peces, se zambulle en el agua. Hay otros pelícanos que acuatizan. Rodean a un banco de peces. Entonces, los recogen en la bolsa del pico.

A los pelícanos les gusta estar en grupo y cerca de otras aves acuáticas.

Las plumas tienen distintas formas y tamaños en diferentes partes del cuerpo.

LOS pelícanos pasan mucho tiempo **acicalándose**. Esto mantiene sus plumas limpias e impermeables. Una vez al año, los pelícanos mudan de plumas o se les caen al tiempo que les salen otras nuevas. Mientras están mudando de plumas, no pueden volar.

acicalarse limpiarse y alisarse las plumas usando el pico

Muchas personas viven cerca de pelícanos salvajes. Otras visitan a los pelícanos en los zoológicos. ¡Es divertido ver pescar a estas aves de patas cortas y pico largo!

Los grandes pelícanos blancos viven principalmente en África.

Un cuento del pelícano

En Australia, la gente contaba una historia sobre por qué algunos pelícanos tienen plumas blancas. Una vez, la urraca le pidió al pelícano que atrapara algunos peces. La urraca prometió cocinar los pescados para ambos. El pelícano atrapó muchos peces. La urraca los cocinó. Pero no los compartió con el pelícano. El pelícano aventó a la urraca en las cenizas de la fogata. Las plumas de la urraca se volvieron negras. Cuando el pelícano comió el pescado cocinado, sus plumas se volvieron blancas.

Índice